Trevallars carambole: Vallar första monster

Från professionella mästerskapsturneringar

Testa dig mot professionella spelare

Allan P. Sand
PBIA Certifierad Biljardinstruktör

ISBN 978-1-62505-352-7
PRINT 7x10

ISBN 978-1-62505-516-3
PRINT 8.5x11

First edition

Copyright © 2019 Allan P. Sand

All rights reserved under International and Pan-American Copyright Conventions.

Published by Billiard Gods Productions.
Santa Clara, CA 95051
U.S.A.

For the latest information about books and videos, go to: http://www.billiardgods.com

Acknowledgements

Wei Chao created the software that was used to create these graphics.

Innehållsförteckning

Introduktion 1
Om bordslayouten 1
Tabellinställningsanvisningar 2
Syftet med layouterna 2
A: En vallar först **3**
A: Grupp 1 3
A: Grupp 2 8
A: Grupp 3 13
A: Grupp 4 18
B: En vallar i ett hörn **23**
B: Grupp 1 23
B: Grupp 2 28
C: Två vallar först **33**
C: Grupp 1 33
C: Grupp 2 38
D: Tre vallar först, serie 1 .... **43**
D: Grupp 1 43
D: Grupp 2 48
D: Grupp 3 53
D: Grupp 4 58
D: Grupp 5 63
D: Grupp 6 68
E: Tre vallar först, serie 2 .... **73**
E: Grupp 1 73
E: Grupp 2 78
E: Grupp 3 83
E: Grupp 4 88
E: Grupp 5 93
E: Grupp 6 98
F: 4+ vallar först **103**
F: Grupp 1 103
F: Grupp 2 108

Other books by the author …

- 3 Cushion Billiards Championship Shots (a series)
- Carom Billiards: Some Riddles & Puzzles
- Carom Billiards: MORE Riddles & Puzzles
- Why Pool Hustlers Win
- Table Map Library
- Safety Toolbox
- Cue Ball Control Cheat Sheets
- Advanced Cue Ball Control Self-Testing Program
- Drills & Exercises for Pool & Pocket Billiards
- The Art of War versus The Art of Pool
- The Psychology of Losing – Tricks, Traps & Sharks
- The Art of Team Coaching
- The Art of Personal Competition
- The Art of Politics & Campaigning
- The Art of Marketing & Promotion
- Kitchen God's Guide for Single Guys

Introduktion

Detta är en av en serie Carom Biljardböcker som visar hur professionella spelare fattar beslut, baserat på bordslayouten. Alla dessa layouter är från internationella tävlingar.

Dessa layouter sätter dig inuti spelarens huvud, börjar med bollarnas positioner (visas i första tabellen). Den andra tabellen layout visar vad spelaren bestämde sig för att göra.

Om bordslayouten

Det här är de tre bollarna på bordet:

Ⓐ (CB) (din biljardboll)

⊙ (OB) (motståndare biljardboll)

● (OB) (röd biljardboll)

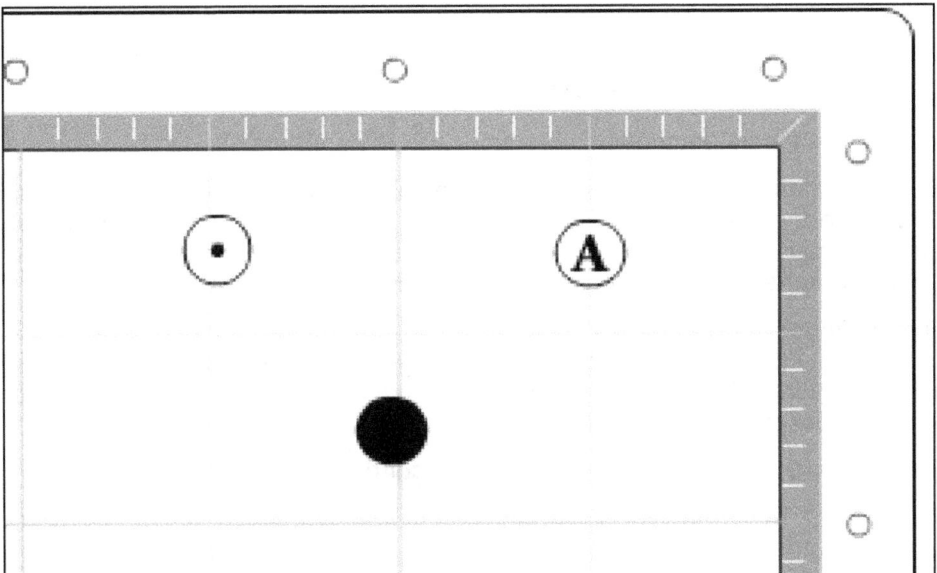

Varje konfiguration har två tabelllayouter. Den första tabellen är bollpositionerna. Den andra tabellen är hur bollarna rör sig på bordet.

Tabellinställningsanvisningar

Använd pappersbindningsringar för att markera kulans positioner (köp på vilken som helst kontorsleveransbutik).

Placera ett mynt vid varje bordsduk som (CB) kommer att röra.

Jämför din (CB) -väg med den andra tabellkonfigurationen. För att lära dig kan du behöva flera försök. Efter varje misslyckande, gör justering och försök igen tills du lyckas.

Syftet med layouterna

Dessa layouter finns för två ändamål.

- Din analys - Hemma kan du överväga hur du spelar konfigurationen på den första tabellen. Jämför dina idéer med det faktiska mönstret på den andra tabellen. Tänk på din lösning och överväga alternativ. Från den andra tabellen kan du också analysera hur man följer mönstret. Mentalt spela skottet och bestämma hur du kan lyckas.

- Öva bordkonfigurationen - Placera bollarna i position enligt den första tabellen konfigurationen. Försök att skjuta på samma sätt som det andra bordsmönstret. Du kan behöva många försök innan du hittar rätt sätt att spela. Så här kan du lära dig och spela dessa skott under tävlingar och turneringar.

Kombinationen av mental analys och praktisk praxis gör dig till en smartare spelare.

A: En vallar först

(CB) går in i en vallar och sedan in i den första (OB). (CB) kontaktar sedan två (eller fler) bordsdynor och sedan in i den andra (OB).

Ⓐ (CB) (din biljardboll) - ⊙ (OB) (motståndare biljardboll) - ● (OB) (röd biljardboll)

A: Grupp 1

Analys:

A:1a. _____

A:1b. _____

A:1c. _____

A:1d. _____

A:1a – Inrätta

Anteckningar och idéer:

Skottmönster

A:1b – Inrätta

Anteckningar och idéer:

Skottmönster

A:1c – Inrätta

Anteckningar och idéer:

Skottmönster

A:1d – Inrätta

Anteckningar och idéer:

Skottmönster

A: Grupp 2

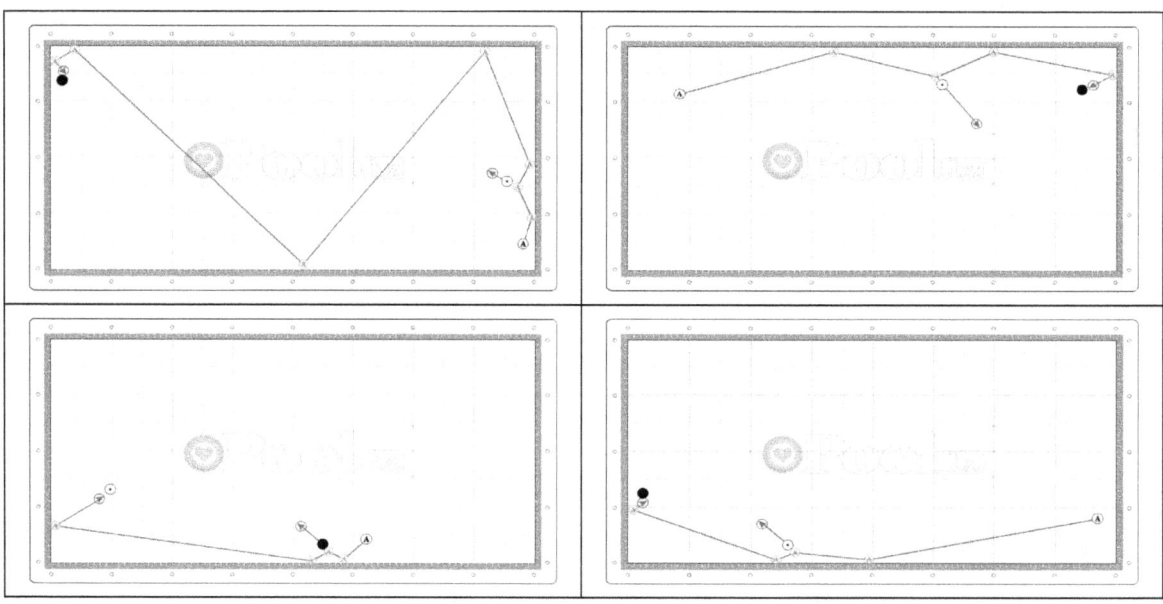

Analys:

A:2a. _____

A:2b. _____

A:2c. _____

A:2d. _____

A:2a – Inrätta

Anteckningar och idéer:

Skottmönster

A:2b – Inrätta

Anteckningar och idéer:

Skottmönster

A:2c – Inrätta

Anteckningar och idéer:

Skottmönster

A:2d – Inrätta

Anteckningar och idéer:

Skottmönster

A: Grupp 3

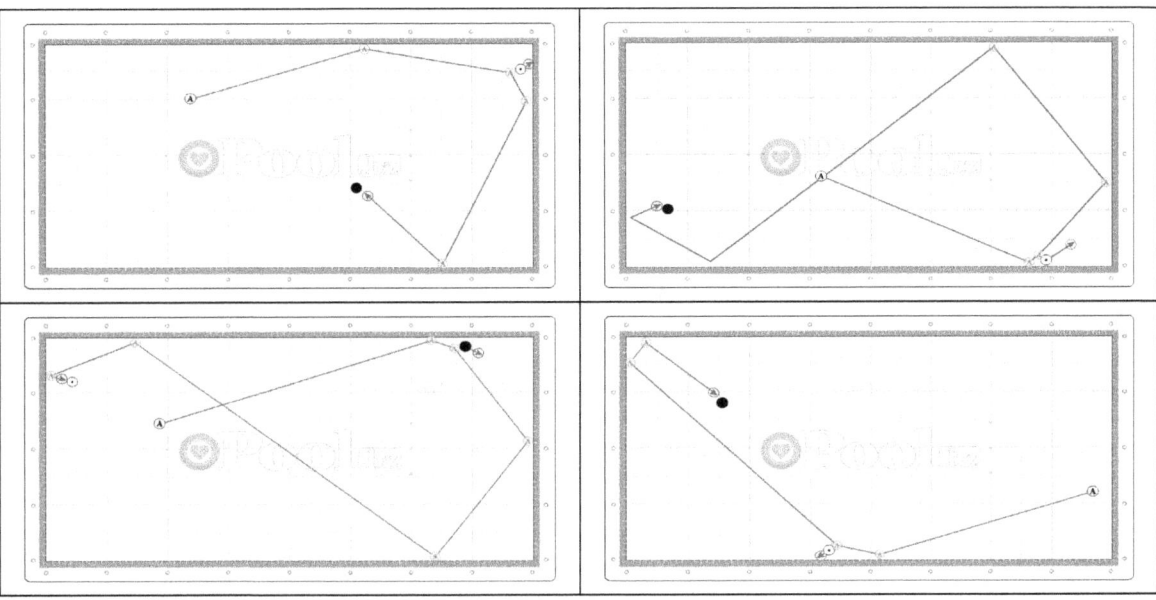

Analys:

A:3a. _____

A:3b. _____

A:3c. _____

A:3d. _____

A:3a – Inrätta

Anteckningar och idéer:

Skottmönster

A:3b – Inrätta

Anteckningar och idéer:

Skottmönster

A:3c – Inrätta

Anteckningar och idéer:

Skottmönster

A:3d – Inrätta

Anteckningar och idéer:

Skottmönster

A: Grupp 4

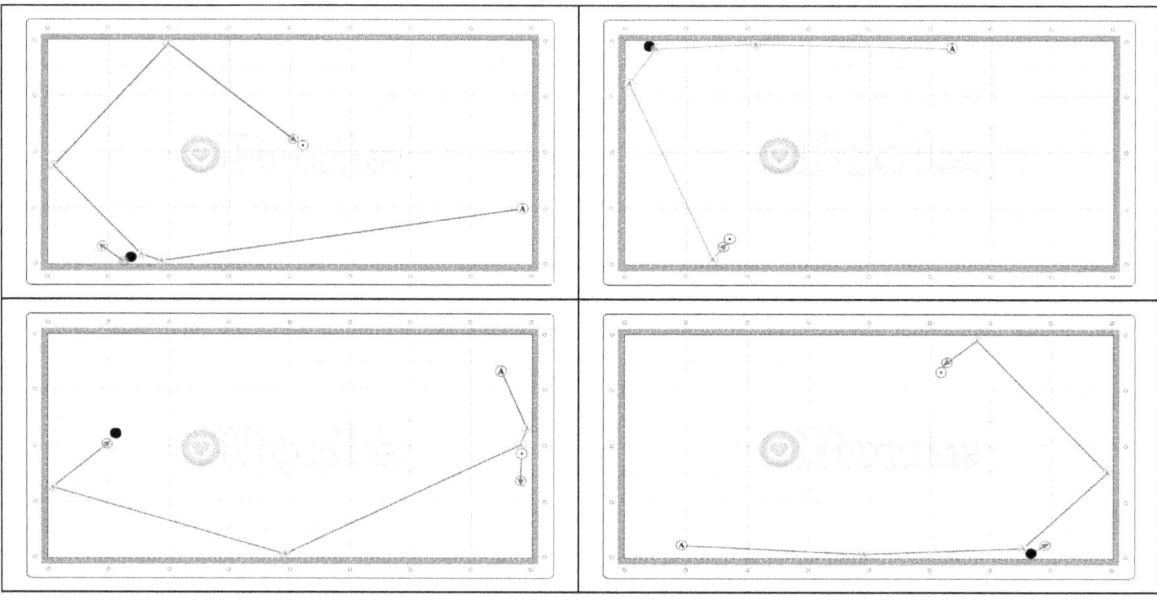

Analys:

A:4a. _____

A:4b. _____

A:4c. _____

A:4d. _____

A:4a – Inrätta

Anteckningar och idéer:

Skottmönster

A:4b – Inrätta

Anteckningar och idéer:

Skottmönster

A:4c – Inrätta

Anteckningar och idéer:

Skottmönster

A:4d – Inrätta

Anteckningar och idéer:

Skottmönster

B: En vallar i ett hörn

(CB) kontakter en tabell sida först och sedan kontakter den första (OB). (CB) går sedan in i hörnet för ytterligare två vallar. När (CB) kommer ut ur hörnet för att ta kontakt med den andra (OB) för poängen.

Ⓐ (CB) (din biljardboll) - ⊙ (OB) (motståndare biljardboll) - ● (OB) (röd biljardboll)

B: Grupp 1

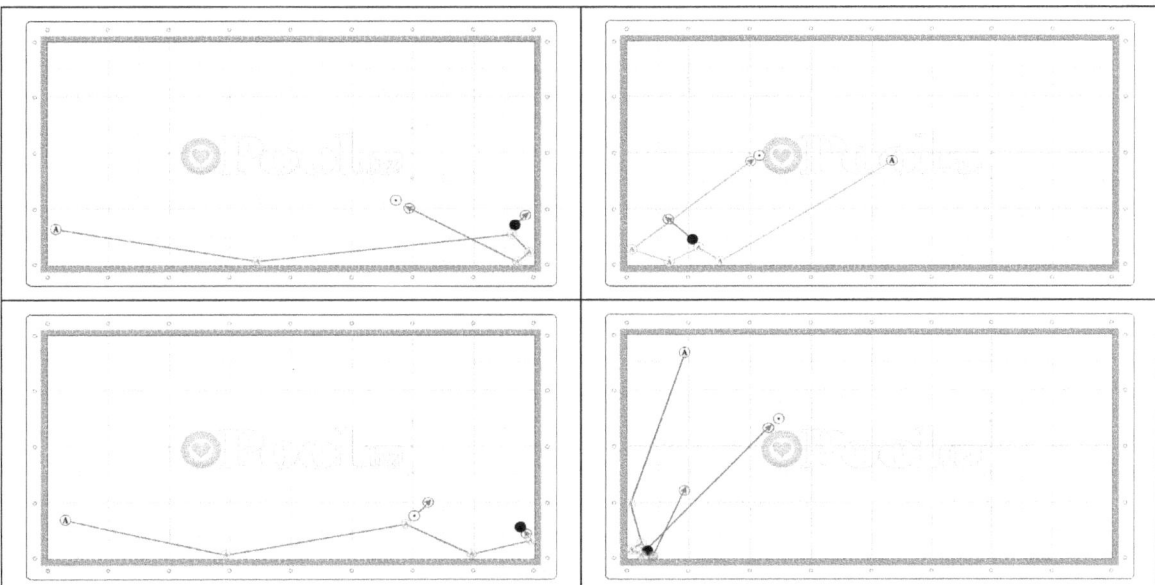

Analys:

B:1a. _____

B:1b. _____

B:1c. _____

B:1d. _____

B:1a – Inrätta

Anteckningar och idéer:

Skottmönster

B:1b – Inrätta

Anteckningar och idéer:

Skottmönster

B:1c – Inrätta

Anteckningar och idéer:

Skottmönster

B:1d – Inrätta

Anteckningar och idéer:

Skottmönster

B: Grupp 2

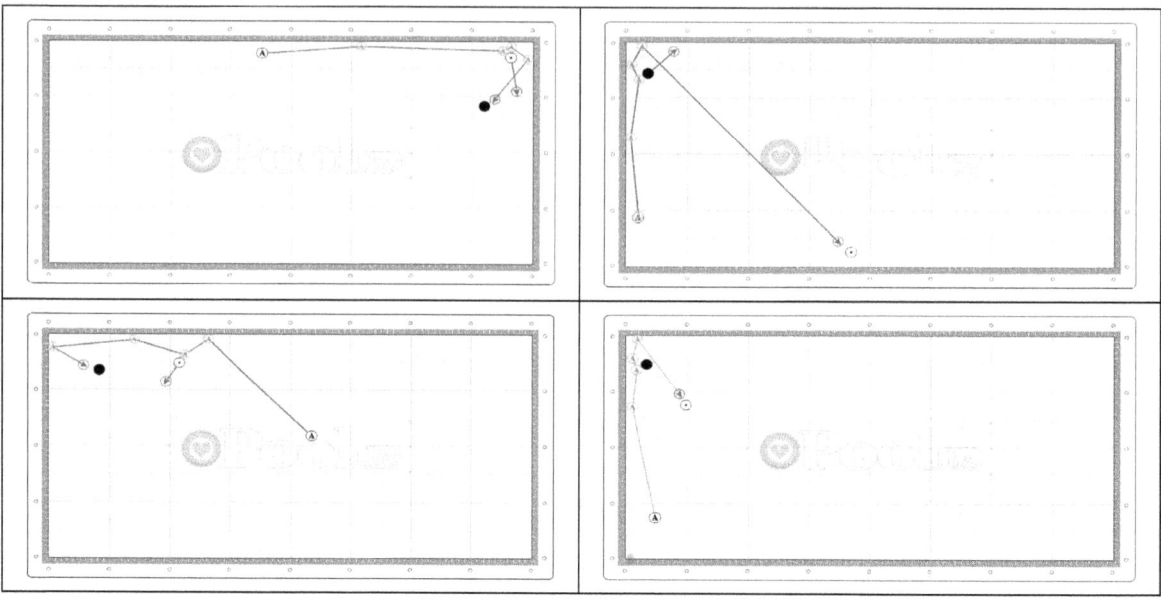

Analys:

B:2a. _____

B:2b. _____

B:2c. _____

B:2d. _____

B:2a – Inrätta

Anteckningar och idéer:

Skottmönster

B:2b – Inrätta

Anteckningar och idéer:

Skottmönster

B:2c – Inrätta

Anteckningar och idéer:

Skottmönster

B:2d – Inrätta

Anteckningar och idéer:

Skottmönster

C: Två vallar först

(CB) går in i två vallar innan den kontaktar den första (OB). Efter kontakten går (CB) sedan in i en eller flera vallar och sedan in i den andra (OB).

Ⓐ (CB) (din biljardboll) - ⊙ (OB) (motståndare biljardboll) - ● (OB) (röd biljardboll)

C: Grupp 1

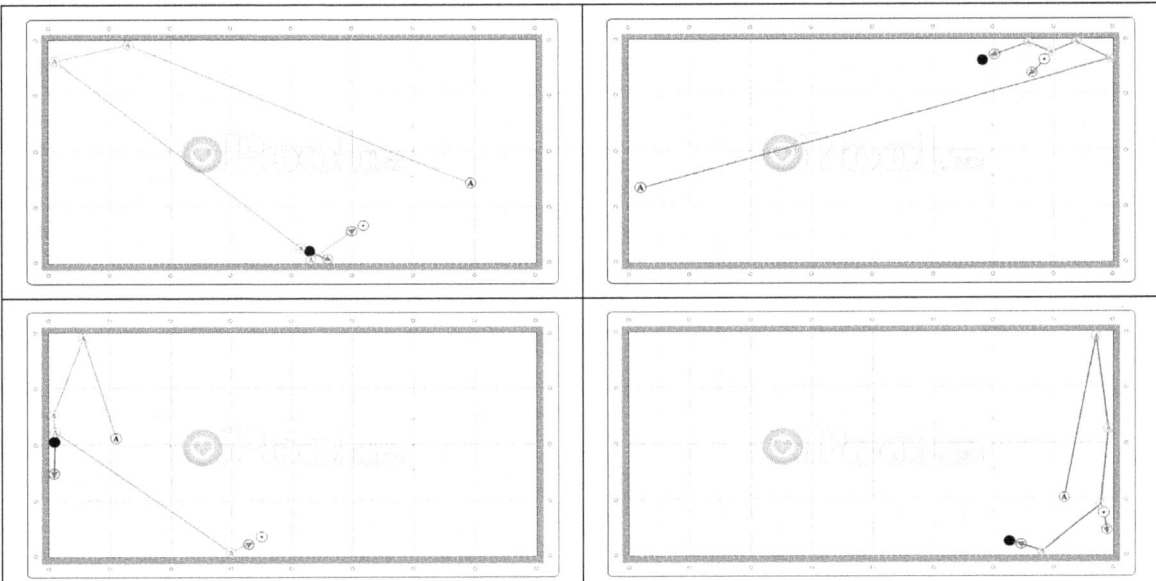

Analys:

C:1a. _____

C:1b. _____

C:1c. _____

C:1d. _____

C:1a – Inrätta

Anteckningar och idéer:

Skottmönster

C:1b – Inrätta

Anteckningar och idéer:

Skottmönster

C:1c – Inrätta

Anteckningar och idéer:

Skottmönster

C:1d – Inrätta

Anteckningar och idéer:

Skottmönster

C: Grupp 2

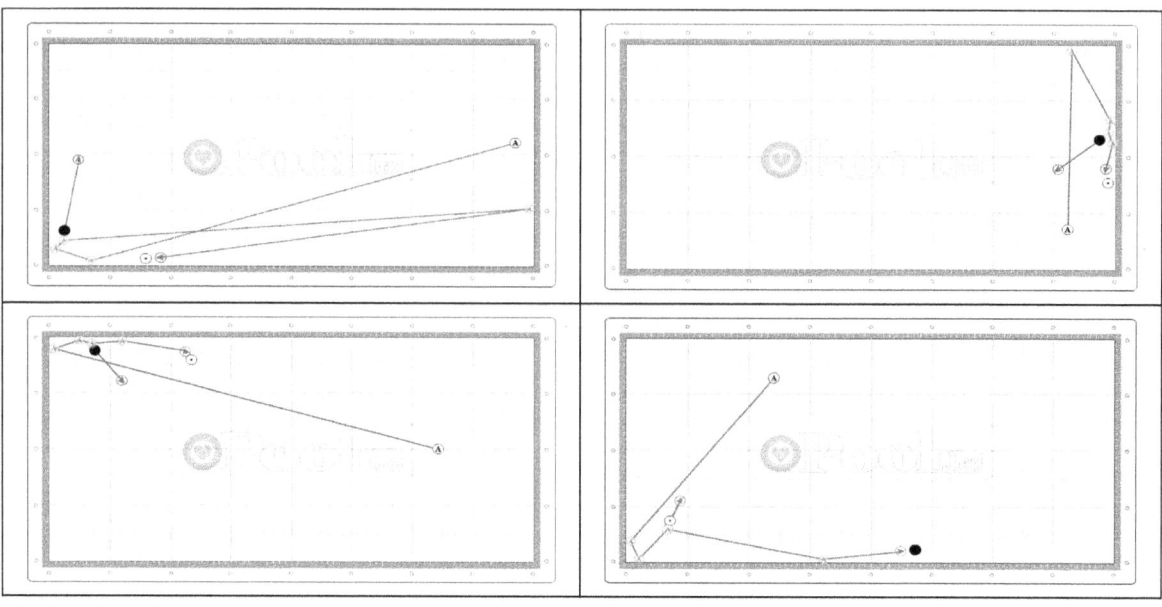

Analys:

C:2a. _____

C:2b. _____

C:2c. _____

C:2d. _____

C:2a – Inrätta

Anteckningar och idéer:

Skottmönster

C:2b – Inrätta

Anteckningar och idéer:

Skottmönster

C:2c – Inrätta

Anteckningar och idéer:

Skottmönster

C:2d – Inrätta

Anteckningar och idéer:

Skottmönster

D: Tre vallar först, serie 1

Dessa exempel är uppdelade i två sektioner. (CB) går in i tre vallar, och sedan in i båda (OB).

Ⓐ (CB) (din biljardboll) - ⊙ (OB) (motståndare biljardboll) - ● (OB) (röd biljardboll)

D: Grupp 1

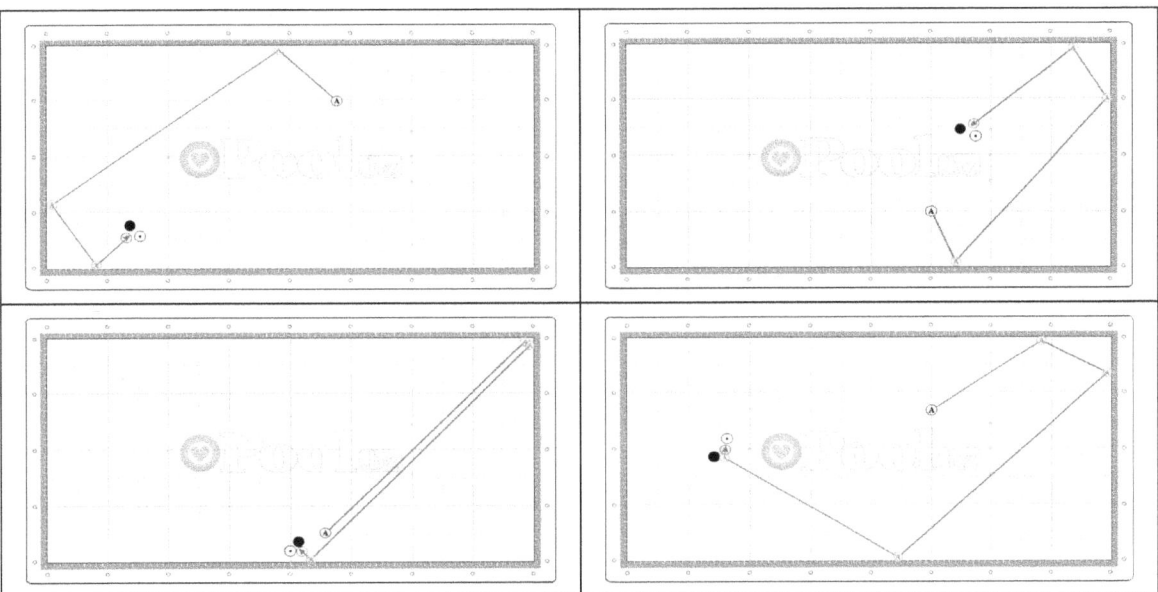

Analys:

D:1a. _____

D:1b. _____

D:1c. _____

D:1d. _____

D:1a – Inrätta

Anteckningar och idéer:

Skottmönster

D:1b – Inrätta

Anteckningar och idéer:

Skottmönster

D:1c – Inrätta

Anteckningar och idéer:

Skottmönster

D:1d – Inrätta

Anteckningar och idéer:

Skottmönster

D: Grupp 2

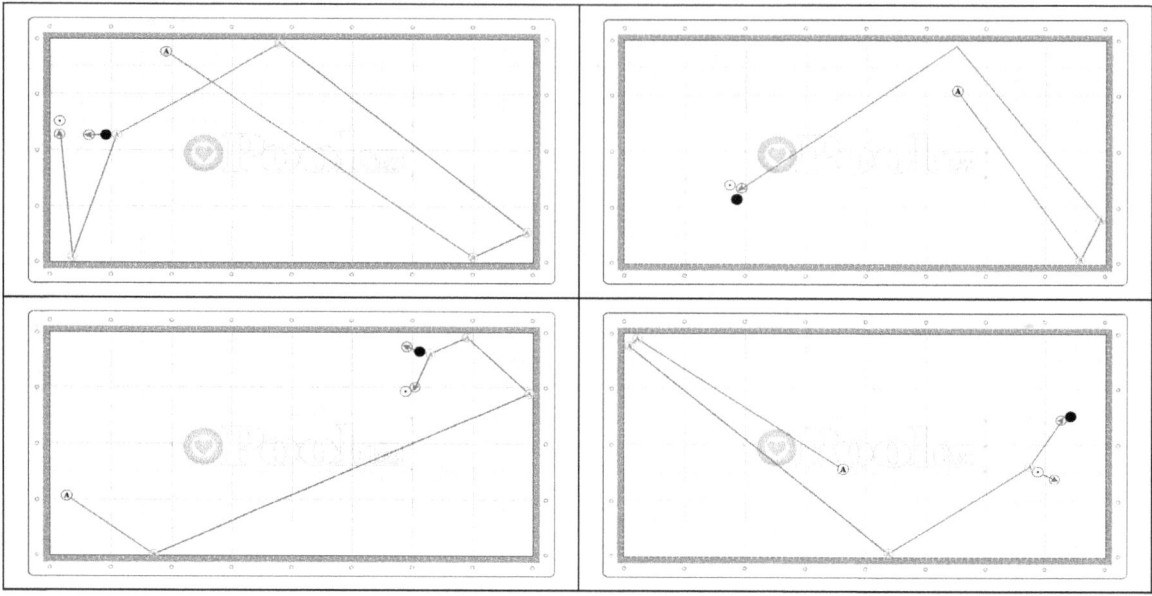

Analys:

D:2a. _____

D:2b. _____

D:2c. _____

D:2d. _____

D:2a – Inrätta

Anteckningar och idéer:

Skottmönster

D:2b – Inrätta

Anteckningar och idéer:

Skottmönster

D:2c – Inrätta

Anteckningar och idéer:

Skottmönster

D:2d – Inrätta

Anteckningar och idéer:

Skottmönster

D: Grupp 3

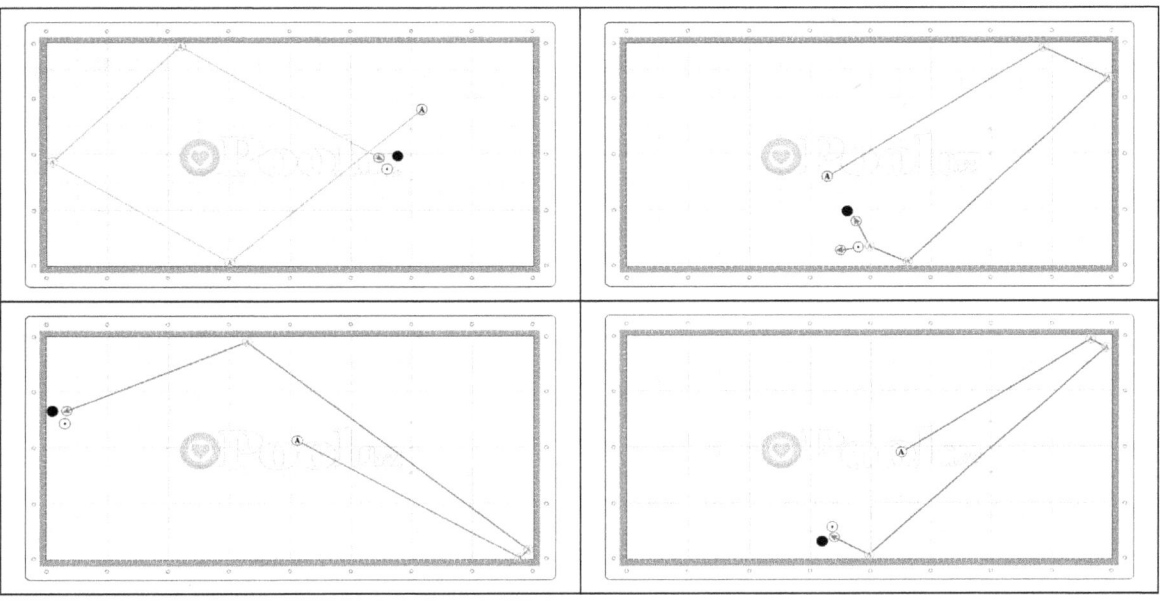

Analys:

D:3a. _____

D:3b. _____

D:3c. _____

D:3d. _____

D:3a – Inrätta

Anteckningar och idéer:

Skottmönster

D:3b – Inrätta

Anteckningar och idéer:

Skottmönster

D:3c – Inrätta

Anteckningar och idéer:

Skottmönster

D:3d – Inrätta

Anteckningar och idéer:

Skottmönster

D: Grupp 4

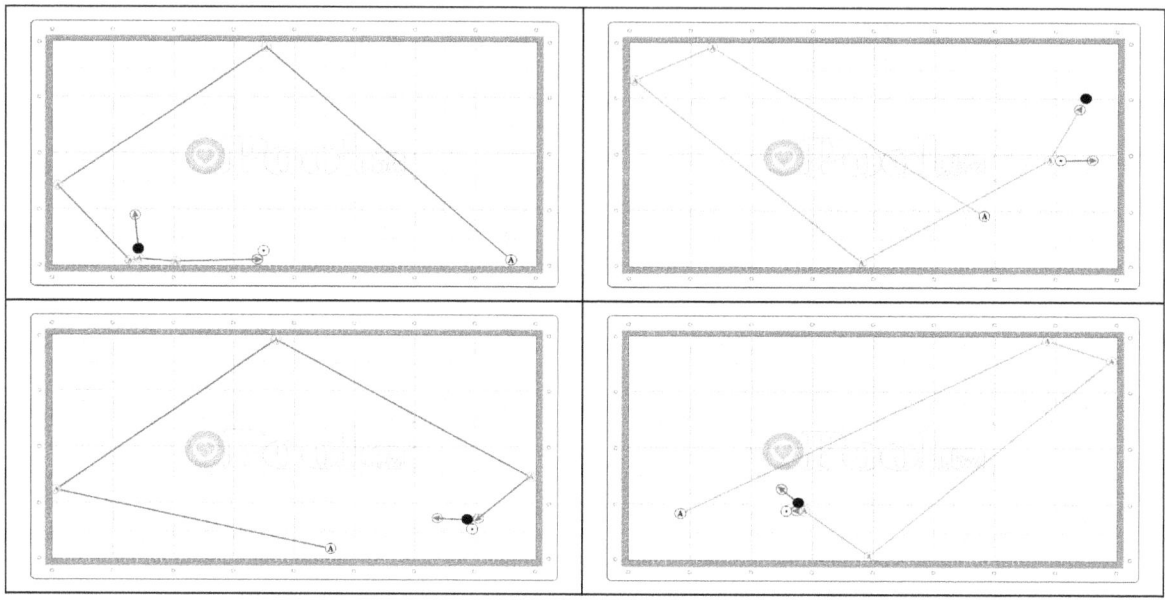

Analys:

D:4a. _____

D:4b. _____

D:4c. _____

D:4d. _____

D:4a – Inrätta

Anteckningar och idéer:

Skottmönster

D:4b – Inrätta

Anteckningar och idéer:

Skottmönster

D:4c – Inrätta

Anteckningar och idéer:

Skottmönster

D:4d – Inrätta

Anteckningar och idéer:

Skottmönster

D: Grupp 5

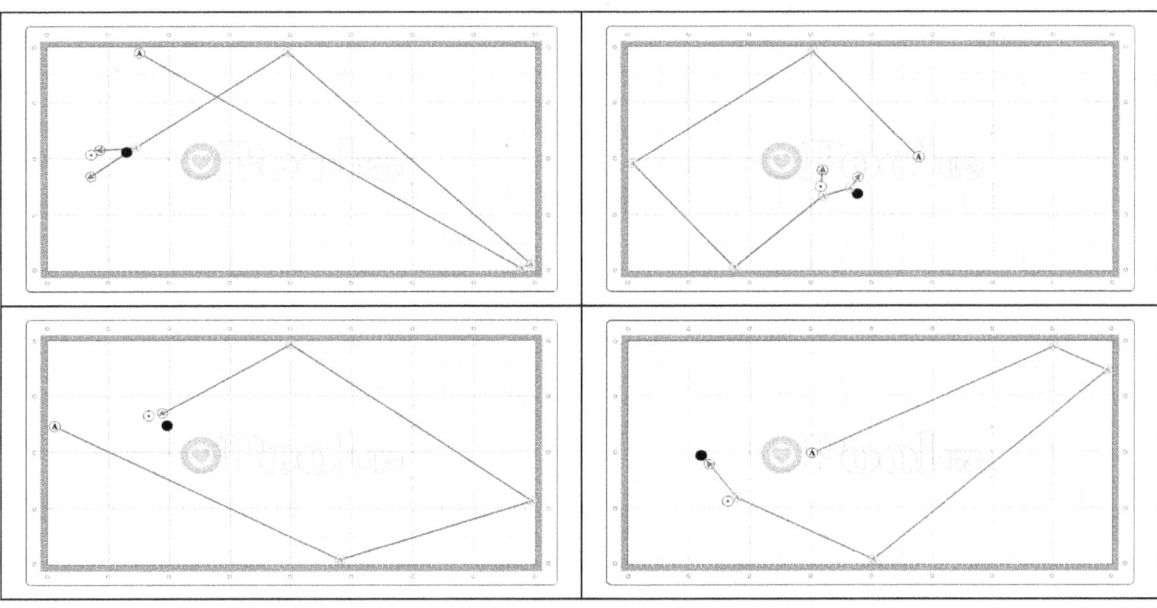

Analys:

D:5a. _____

D:5b. _____

D:5c. _____

D:5d. _____

D:5a – Inrätta

Anteckningar och idéer:

Skottmönster

D:5b – Inrätta

Anteckningar och idéer:

Skottmönster

D:5c – Inrätta

Anteckningar och idéer:

Skottmönster

D:5d – Inrätta

Anteckningar och idéer:

Skottmönster

D: Grupp 6

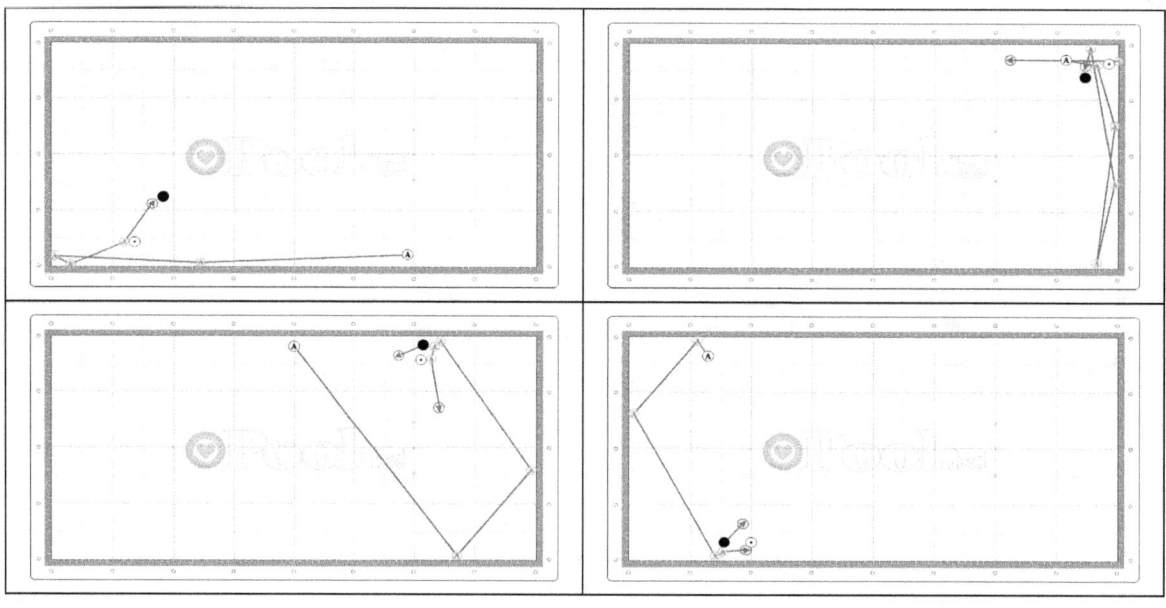

Analys:

D:6a. _____

D:6b. _____

D:6c. _____

D:6d. _____

D:6a – Inrätta

Anteckningar och idéer:

Skottmönster

D:6b – Inrätta

Anteckningar och idéer:

Skottmönster

D:6c – Inrätta

Anteckningar och idéer:

Skottmönster

D:6d – Inrätta

Anteckningar och idéer:

Skottmönster

E: Tre vallar först, serie 2

Dessa är tre vallar första situationer.

Ⓐ (CB) (din biljardboll) - ⊙ (OB) (motståndare biljardboll) - ● (OB) (röd biljardboll)

E: Grupp 1

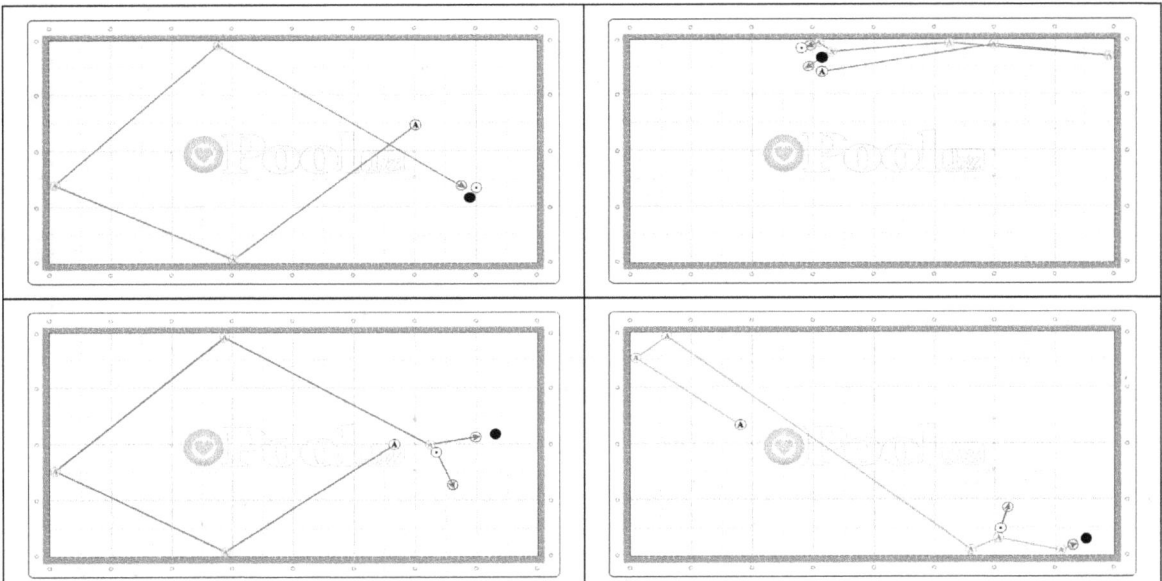

Analys:

E:1a. _____

E:1b. _____

E:1c. _____

E:1d. _____

E:1a – Inrätta

Anteckningar och idéer:

Skottmönster

E:1b – Inrätta

Anteckningar och idéer:

Skottmönster

E:1c – Inrätta

Anteckningar och idéer:

Skottmönster

E:1d – Inrätta

Anteckningar och idéer:

Skottmönster

E: Grupp 2

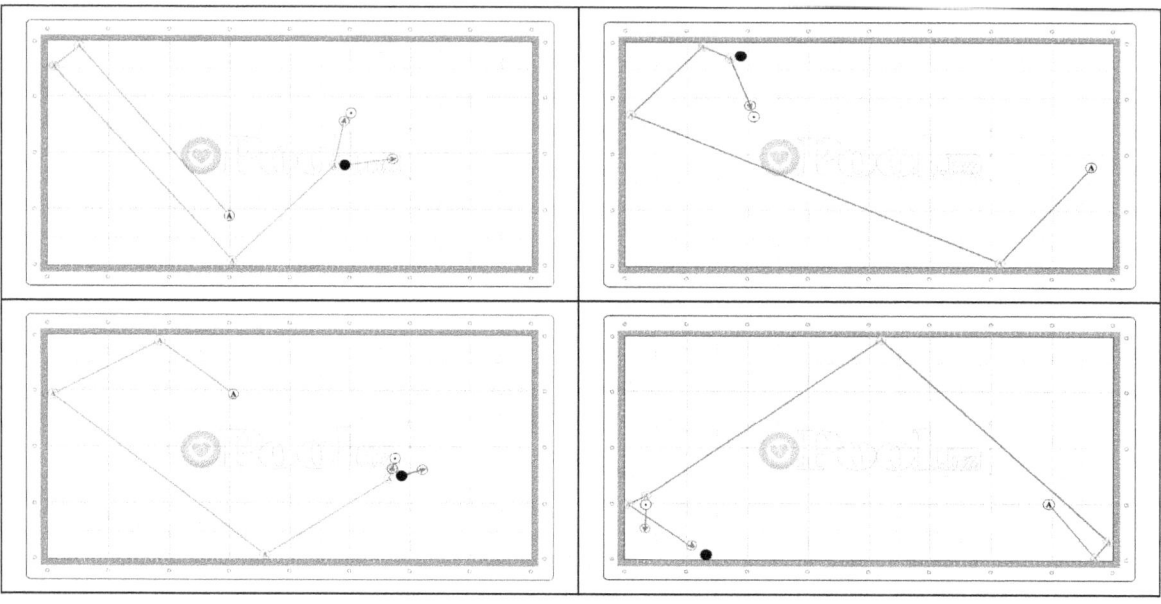

Analys:

E:2a. _____

E:2b. _____

E:2c. _____

E:2d. _____

E:2a – Inrätta

Anteckningar och idéer:

Skottmönster

E:2b – Inrätta

Anteckningar och idéer:

Skottmönster

E:2c – Inrätta

Anteckningar och idéer:

Skottmönster

E:2d – Inrätta

Anteckningar och idéer:

Skottmönster

E: Grupp 3

Analys:

E:3a. _____

E:3b. _____

E:3c. _____

E:3d. _____

E:3a – Inrätta

Anteckningar och idéer:

Skottmönster

E:3b – Inrätta

Anteckningar och idéer:

Skottmönster

E:3c – Inrätta

Anteckningar och idéer:

Skottmönster

E:3d – Inrätta

Anteckningar och idéer:

Skottmönster

E: Grupp 4

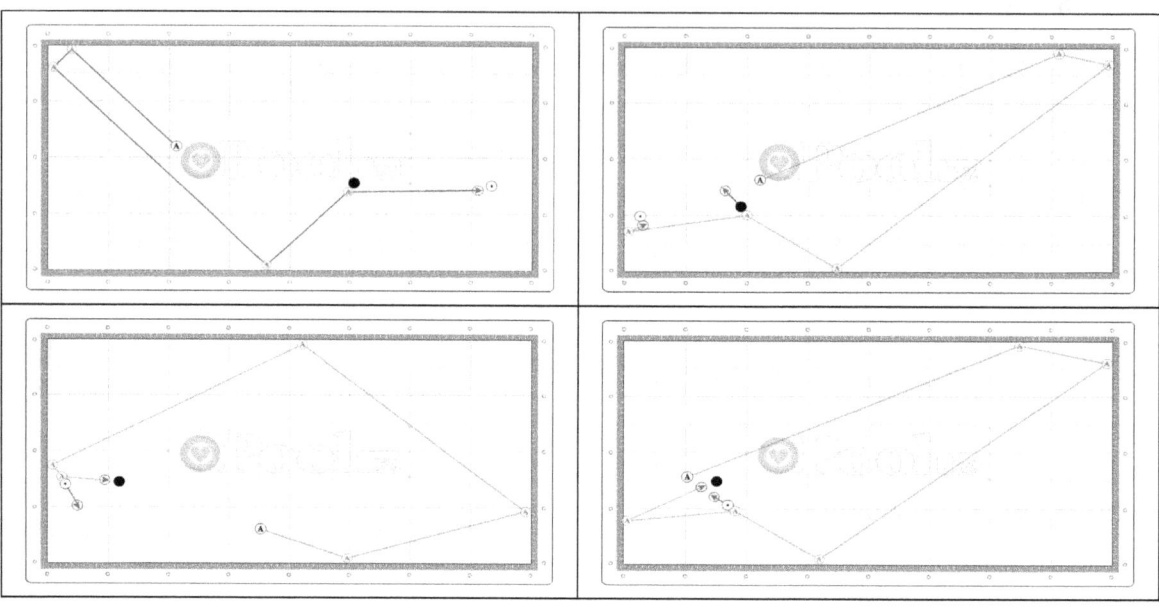

Analys:

E:4a. _____

E:4b. _____

E:4c. _____

E:4d. _____

E:4a – Inrätta

Anteckningar och idéer:

Skottmönster

E:4b – Inrätta

Anteckningar och idéer:

Skottmönster

E:4c – Inrätta

Anteckningar och idéer:

Skottmönster

E:4d – Inrätta

Anteckningar och idéer:

Skottmönster

E: Grupp 5

Analys:

E:5a. _____

E:5b. _____

E:5c. _____

E:5d. _____

E:5a – Inrätta

Anteckningar och idéer:

Skottmönster

E:5b – Inrätta

Anteckningar och idéer:

Skottmönster

E:5c – Inrätta

Anteckningar och idéer:

Skottmönster

E:5d – Inrätta

Anteckningar och idéer:

Skottmönster

E: Grupp 6

Analys:

E:6a. _____

E:6b. _____

E:6c. _____

E:6d. _____

E:6a – Inrätta

Anteckningar och idéer:

Skottmönster

E:6b – Inrätta

Anteckningar och idéer:

Skottmönster

E:6c – Inrätta

Anteckningar och idéer:

Skottmönster

E:6d – Inrätta

Anteckningar och idéer:

Skottmönster

F: 4+ vallar först

Skytten skickar (CB) i fyra (eller fler) vallar innan (CB) kontaktar den första (OB). Ibland är extra vallar oavsiktliga.

(A) (CB) (din biljardboll) - ⊙ (OB) (motståndare biljardboll) - ● (OB) (röd biljardboll)

F: Grupp 1

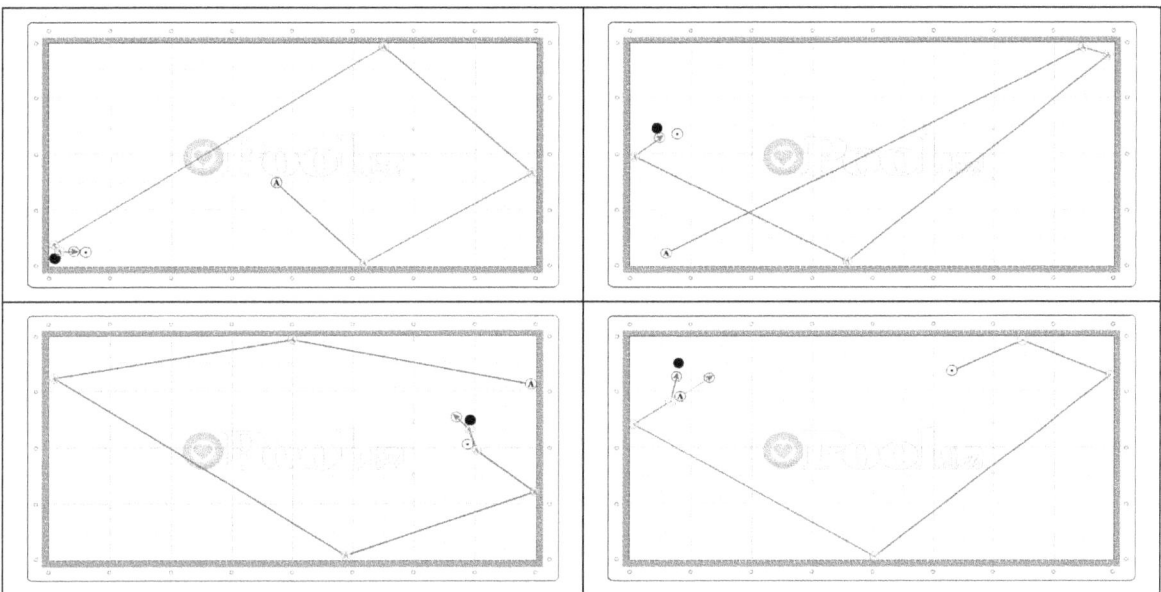

Analys:

F:1a. _____

F:1b. _____

F:1c. _____

F:1d. _____

F:1a – Inrätta

Anteckningar och idéer:

Skottmönster (4 rails)

F:1b – Inrätta

Anteckningar och idéer:

Skottmönster (4 rails)

F:1c – Inrätta

Anteckningar och idéer:

Skottmönster (4 rails)

F1d – Inrätta

Anteckningar och idéer:

Skottmönster (4 rails)

F: Grupp 2

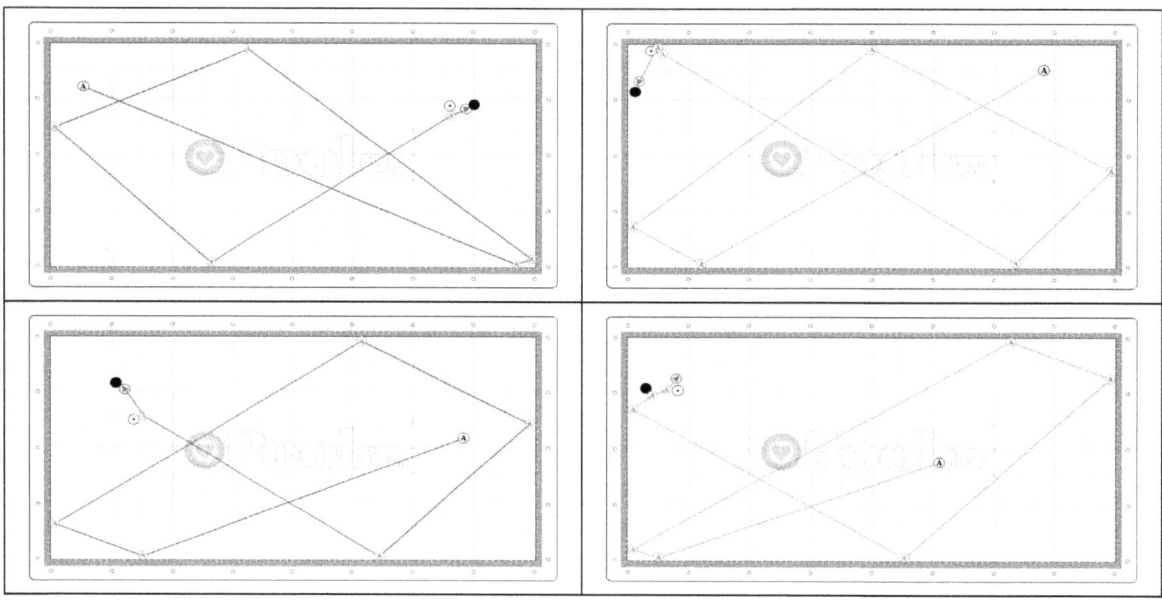

Analys:

F:2a. _____

F:2b. _____

F:2c. _____

F:2d. _____

F:2a – Inrätta

Anteckningar och idéer:

Skottmönster (5 rails)

F:2b – Inrätta

Anteckningar och idéer:

Skottmönster (5 rails)

F:2c – Inrätta

Anteckningar och idéer:

Skottmönster (5 rails)

F:2d – Inrätta

Anteckningar och idéer:

Skottmönster (6 rails)

www.ingramcontent.com/pod-product-compliance
Lightning Source LLC
Chambersburg PA
CBHW081257170426
43198CB00017B/2816